DIEU ET L'ÉVANGILE DE JUSTICE

David Pawson

Anchor Recordings

Copyright © 2017 David Pawson

Tous droits réservés.

Aucune partie de cette publication ne peut être reproduite ou transmise sous quelque forme ou par tout autre moyen, électronique ou mécanique, y compris photocopie, enregistrement ou tout système de stockage et de récupération de l'information, sans l'autorisation préalable écrite de l'éditeur.

Publié en Grande-Bretagne par
Anchor Recordings Ltd
DPTT, Synegis House, 21 Crockhamwell Road,
Woodley, Reading RG5 3LE

The right of David Pawson to be identified as author of this Work has been asserted by him in accordance with the Copyright, Designs and Patents Act 1988.

www.davidpawson.com

www.davidpawson.org

info@davidpawsonministry.org

ISBN 978-1-911173-25-0

Imprimé par Lightning Source

TABLE DES MATIÈRES

PRÉFACE	5
PROLOGUE	7
LE DIEU DE JUSTICE	9
L'ÉVANGILE DE JUSTICE	31

PRÉFACE

Ce livre s'inspire d'une série d'entretiens. Comme il tire son origine de conférences orales, de nombreux lecteurs risquent de ne pas retrouver mon style habituel d'écriture. Il reste à espérer que cela ne changera en rien la substance de l'enseignement biblique qui s'y trouve.

Comme toujours, je demande au lecteur de comparer tout ce je dis ou écris avec ce qui est écrit dans la Bible et, si, à tout moment, il constate une contradiction, je lui demande de toujours donner priorité à la limpidité des enseignements de l'Écriture.

David Pawson

PROLOGUE

Voici une histoire vraiment choquant racontée par Jésus.

Jésus leur parla de nouveau en paraboles, en disant: «Le royaume des cieux est semblable à un roi qui a préparé un banquet de mariage pour son fils. Il a envoyé ses serviteurs vers ceux qui avaient été invités au banquet pour leur annoncer de venir, mais ils ont refusé.

Jésus, prenant la parole, leur parla de nouveau en parabole, et il dit: Le royaume des cieux est semblable à un roi qui fit des noces pour son fils. Il envoya ses serviteurs appeler ceux qui étaient invités aux noces; mais ils ne voulurent pas venir.

Il envoya encore d'autres serviteurs, en disant: Dites aux conviés: Voici, j'ai préparé mon festin; mes boeufs et mes bêtes grasses sont tués, tout est prêt, venez aux noces.

Mais, sans s'inquiéter de l'invitation, ils s'en allèrent, celui-ci à son champ, celui-là à son trafic; et les autres se saisirent des serviteurs, les outragèrent et les tuèrent.

Le roi fut irrité; il envoya ses troupes, fit périr ces meurtriers, et brûla leur ville. Alors il dit à ses serviteurs: Les noces sont prêtes; mais les conviés n'en étaient pas dignes. Allez donc dans les carrefours, et appelez aux noces tous ceux que vous trouverez. Ces serviteurs allèrent dans les chemins, rassemblèrent tous ceux qu'ils trouvèrent, méchants et bons, et la salle des noces fut pleine de convives.

Le roi entra pour voir ceux qui étaient à table, et il aperçut là un homme qui n'avait pas revêtu un habit de noces. Il lui dit: Mon ami, comment es-tu entré ici sans avoir un habit de noces? Cet homme eut la bouche fermée.

Alors le roi dit aux serviteurs: Liez-lui les pieds et les mains, et jetez-le dans les ténèbres du dehors, où il y aura des pleurs et des grincements de dents.

Car il y a beaucoup d'appelés, mais peu d'élus.
Matthieu 22:1–14 [Segond 1910]

J'en suis sûr, vous l'avez compris: le roi de la parabole représente Dieu, le fils est son Fils, Jésus, et le banquet de mariage c'est le festin des noces de l'Agneau. On est choqué une première fois quand le roi tue ceux qui avaient refusé de venir, et brûle leur ville. Mais ce n'est rien comparé à ce qui suit: quel choc de comprendre que l'invitation au mariage représente la prédication de l'évangile et l'invitation à y assister, et que quelqu'un, qui avait pourtant accepté l'invitation et s'était effectivement présenté à la noce termine en enfer. Des mots comme « obscurité » « pleurs » et « grincements de dents » suggèrent l'enfer sans ambiguïté. Or, je présume que vous avez accepté l'invitation évangélique, mais cette parabole nous dit que nous pourrions tout un chacun finir en enfer si nous ne nous donnons pas la peine de changer. Quel message! Ceci n'est qu'une introduction, mais gardez à l'esprit cette histoire.

LE DIEU DE JUSTICE

D'après un sondage d'opinion, 74% des Britanniques croient en Dieu. Or, cette statistique est absurde parce qu'elle n'a pas posé la bonne question. On aurait dû demander en premier : « En quel dieu croyez-vous ? » – parce qu'en Grande-Bretagne il faut actuellement compter avec les trente millions de dieux en qui croient les seuls hindous. Ensuite, il y a des bouddhistes, qui ne croient pas en un dieu quelconque du tout, et il y a les musulmans qui croient en un dieu appelé Allah. Il fallait donc plutôt demander : « En quel dieu croyez-vous ? » Or, même si les 74% avait dit : « Eh bien, au Dieu des chrétiens, le Dieu de l'Église », il aurait encore fallu poser une autre question très importante : en quel sorte de Dieu croyez-vous ? Telle est la question cruciale, et la façon d'y répondre a une profonde influence dans la vie de chacun.

Pendant quelques temps pendant mon ministère, j'ai été aumônier dans la Royal Air Force. Il y avait trois aumôniers dans chaque base aérienne de la RAF. L'un représentait l'EA (l'Église anglicane), l'autre « l'ECR » (l'Église Catholique Romaine), et j'étais celui des AC (les À Classer), comme on nous appelait, mais en vrai cela signifiait « autres confessions ». Lorsque je débarquais dans la grande salle où attendait le contingent des nouveaux, voici ce qui se passait : l'aumônier EA prenait le premier la parole pour dire, « Tous les baptisés de l'Église anglicane, suivez-moi » – et environ les trois quarts s'en allaient avec lui. Puis c'était au tour des Catholiques et moi j'héritais de ceux qui restaient : méthodistes, baptistes, Armée du Salut, presbytériens, congrégationalistes, Bouddhistes, hindous, musulmans, sans oublier les agnostiques et les athées. J'étais donc l'aumônier des athées, et j'ai adoré mon travail! Quand un athée arrivait, je lui disais, « Bon, asseyez-vous là, j'ai à vous parler. Tout d'abord, permettez-moi de vous féliciter pour votre foi. Votre foi est bien plus grande que la mienne. Vous croyez que tout cela a vu le jour par accident, est arrivé tout seul. Il faut une foi énorme pour croire une chose pareille. Je n'en ai pas autant, je ne peux m'empêcher de croire que c'est quelqu'un qui a fait ça – c'est beaucoup plus facile à avaler». Puis je disais, « Si vous décédez pendant que vous êtes sous ma responsabilité » (car c'était le sort de la plupart d'entre eux – tous les six mois nous perdions la moitié de nos pilotes à l'époque), «c'est à moi que reviendra la tâche de vous enterrer, et je vous en fais la promesse: Je ne parlerai pas de Dieu. Je ne prierai pas, je ne lirai pas la Bible, et je n'essaierai certainement pas de placer un hymne. Je dirai simplement : «Cet homme est mort, point final». Figurez-vous que j'ai fait une découverte intéressante: ça ne dérange nullement les athées de vivre comme des athées, mais pour ce qui est de mourir en athée, c'est un risque que tous ne sont pas prêts d'assumer! Je leur disais une troisième chose: «Asseyez-vous là, et dites-moi en quelle sorte de dieu vous ne croyez pas». Quand ils avaient fini, je pouvais toujours leur répondre: «Vous venez de faire de moi un athée, parce que je ne crois pas à ce genre de Dieu non plus. Il y a quelques années, quelqu'un m'avait dit, «Ne jette jamais la pierre à un athée tant que tu ne sais en quel Dieu on lui a dit de croire», et d'expérience, je peux vous dire que c'est bien vrai.

En quel genre de Dieu croyez-vous? Même en étant chrétiens pratiquants, je suis sûr que, dans votre assemblée, on croit à un Dieu qui est bien différent selon les uns ou les autres, et il est essentiel de savoir en quel genre de Dieu l'on croit, parce qu'on aura besoin, tôt ou tard, de parler de Dieu à d'autres – et duquel va-t-on leur parler ? Cette question est de la plus haute importance. Est-il tendre, ou cruel ? Bon, ou méchant ? Prend-t-il soin de nous, ou est-ce un Dieu indifférent ? Voilà les questions auxquelles les gens veulent qu'on leur réponde. Quel *genre* de Dieu est Dieu ? Et cela fait plus de cent ans que l'Église rabâche que Dieu est un Dieu d'amour ; c'est une fâcheuse habitude qui va être très difficile à changer. Pourtant, il faudra bien y arriver parce que **je veux vous montrer que ce n'est pas ainsi que Jésus ou les apôtres parlaient de Dieu aux incroyants.**

Il me reste à démontrer la véracité d'une si étonnante déclaration. On admet généralement ceci : la bonne nouvelle que nous avons à annoncer au monde c'est que : « Dieu vous aime », et j'ai maintes fois entendu bien des chrétiens évangéliser en mettant en avant cet argument. Suit le plus souvent l'affirmation, « Dieu est un Père aimant », et on estime que cela résume la bonne nouvelle à annoncer au monde. Cette tendance est apparue il y a un siècle et c'est ce qu'on prêche depuis, à tel point que lorsque j'ai expliqué mon point de vue, certains sont venus me voir en larmes pour me dire, « Je ne peux plus rien prêcher sur l'évangile, vous venez de démolir ce que je croyais ». je leur dirais, « quel était cet évangile, pour s'effondrer si facilement ?

Pendant ces dernières décennies, il s'est produit une distorsion dans cet Évangile du Dieu d'amour, et c'est arrivé à cause de certains adjectifs. Nous vivons une époque où les adjectifs sont constamment utilisés pour exagérer le réel. En revanche, les adjectifs sont plutôt rares dans la Bible. La Bible s'exprime avec des noms, elle s'en tient aux faits, pas aux imaginations. Par conséquent, vous ne trouverez jamais le mot « fantastique » dans votre Bible – alors qu'on n'entend que ça partout ailleurs aujourd'hui. Êtes-vous surpris d'entendre dire que vous ne trouverez jamais l'expression « merveilleuse grâce » dans la Bible ?

L'équivalent moderne de cette expression est extrême – « grâce scandaleuse », mais vous ne trouverez pas non plus « grâce scandaleuse » dans votre Bible. L'adjectif le plus à la mode depuis quelques années c'est de qualifier l'amour de Dieu d'« inconditionnel » – l'« amour inconditionnel » de Dieu. Avez-vous trouvé ce mot « inconditionnel » dans votre Bible ? Il est devenu si populaire qu'on l'entend dans la bouche de nombre de prédicateurs et évangélistes, mais la Bible ne parle jamais en ces termes de l'amour de Dieu. Que signifie cette expression « amour inconditionnel » pour l'incroyant ? Cela lui suggère que Dieu ne juge pas, et ne nous jugera donc jamais. Nous devons nous débattre avec le fait qu'un Dieu d'amour inconditionnel n'enverrait jamais quelqu'un en enfer, et pourtant Jésus lui-même a dit que Dieu le ferait.

Nous avons donc un problème. Lorsqu'on se met à parler aux gens de l'amour de Dieu, ils lancent immédiatement des objections. En commençant par, « Comment un Dieu aimant peut-il… ? » et en finissant de l'une de ces deux façons : premièrement, ils évoqueront la souffrance qui afflige notre monde pour dire : « Comment un Dieu d'amour peut-il permettre toutes les souffrances de ce monde, ces tsunamis et tremblements de terre, le cancer et le sida ? Comment un Dieu d'amour permettrait-il tant de souffrances sur terre ? » C'est l'objection immédiate qu'on vous opposera si vous dites à un incroyant que Dieu est amour, et elle tombe sous le sens parce que de deux choses l'une : soit Dieu est incapable d'arrêter la souffrance, soit il n'en a pas envie, mais en serait capable, ce lui vaut les critiques les plus sévères pour la façon déplorable dont il dirige le monde. Ce qui suggère : si j'étais Dieu, je pourrais faire mieux que lui, parce que je ne le permettrais pas.

La deuxième objection porte sur la souffrance dans l'autre monde. Comment un Dieu d'amour peut-il envoyer quelqu'un en enfer ? J'ai écrit un livre sur l'enfer, intitulé *Le Chemin vers l'Enfer*, que j'ai eu bien du mal à écrire. En fait, le manuscrit s'est perdu dans un aéroport italien ; – c'était le seul qui existait, et je l'avais écrit à la main, comme tous mes livres. J'ai dit, « Seigneur, quel merveilleuse occasion de savoir si vous voulez que ce livre soit publié, parce qu'il est perdu, je ne l'ai plus, il a été volé. » Et j'ai dit, « Si vous ne voulez pas le voir publié, faites que je ne le retrouve jamais ; mais dans le cas contraire, vous savez ce qu'il vous reste à faire ». Le lendemain matin, à plus de cent kilomètres du lieu où je l'avais perdu, un homme s'est approché de moi en pleine rue et m'a rendu ma serviette avec le manuscrit à l'intérieur, sans qu'il manque un seul feuillet. Et c'est ainsi que ce livre a été publié ! Une publicité est parue dans un magazine national : « Lisez l'autobiographie de David Pawson, *Le chemin qui mène en enfer* ! »

Mais après avoir écrit ce livre (j'étais motivé par un fardeau que j'avais sur le cœur : je n'entendais plus aucun prédicateur prêcher sur l'enfer, ce qui semblait donc indiquer qu'on ne prenait plus le sujet très au sérieux), j'ai été invité à une émission de la BBC. Visiblement, il est très inhabituel de trouver un prédicateur qui croit encore à l'enfer, et j'ai été interviewé à plusieurs reprises par les média. La première question était toujours la même, au point de devenir pesante : « Comment un Dieu d'amour pourrait-il envoyer quelqu'un en enfer ? » Je répondais le plus souvent à cette question par une autre question – technique apprise de Jésus lui-même – et voici ce que je demandais, « Où avez-vous trouvé l'idée que Dieu est amour ? »

Le présentateur en restait interloqué et l'entretien continuait comme ceci : il en bégayait d'étonnement et disait, « Eh bien, n'est-ce pas ce que croient les chrétiens ? » « Tout à fait. »

« Et n'est-ce pas ce que Jésus a enseigné ? »

« Tout à fait, et pourtant, tout ce que je sais de l'enfer je l'ai appris de Jésus. Personne d'autre dans la Bible n'en a parlé. Paul n'en a rien dit, Pierre non plus, Jean non plus, pas plus qu'Esaïe et Jérémie. Jésus a été le seul à nous parler de l'enfer, et, incidemment, toutes, toutes sauf deux de ses mises en garde étaient destinées à des croyants nés de nouveau. Ces deux exceptions étaient des pharisiens. »

Tout ce que nous avons fait en insistant ainsi sur l'amour de Dieu c'est d'en donner aux gens une image sentimentale, plutôt que de leur faire comprendre qui Il est selon les Écritures – qu'il est en quelque sorte à notre service ; que nous ne sommes pas là pour le servir, lui ; qu'il est là pour veiller sur notre santé, nous assurer sécurité et bonne fortune, ou du moins le confort financier dont nous pensons avoir besoin ; en un mot, il servirait à nous rendre heureux. « Et si Dieu ne m'assure ni bonheur, ni sécurité, ni santé, j'en serai quitte avec lui et ne mettrai plus les pieds à l'église!

J'ai rencontré des milliers de personnes qui disent, en substance, « Il ne me sert à rien, alors pourquoi m'embarrasser avec lui ? » Cela s'applique à la majorité de nos concitoyens. Pourquoi ne vont-ils pas à l'église ? S'ils sont honnêtes, ils vous diront qu'ils pensent que Dieu ne leur est d'aucune utilité, alors pourquoi devraient-ils investir en lui leur temps et leur l'argent ? Cela vient d'une compréhension sentimentale de Dieu. S'il n'arrive pas à s'occuper de nous, nous nous plaignons, nous maugréons et critiquons. Or, si Dieu est comme ça, c'en est fait de moi.

Donc, cela pose la question suivante : faut-il vraiment parler de l'amour de Dieu pour le monde ? Ma réponse à cette question se doit d'être fondée sur la Bible. Je suis un homme des Écritures, et je me tourne vers la parole de Dieu pour répondre à chaque question. Donc, je tiens à attirer votre attention sur un ou deux faits – et, je vous en prie, allez vérifier dans votre Bible pour vous-mêmes, c'est ma sécurité. Je ne cherche pas à partager mes opinions, j'attire votre attention sur la parole de Dieu.

Voici un premier fait, très surprenant pour bien des gens: votre Bible ne parle pas souvent d'amour. Les références directes à l'amour de Dieu y sont rares. Moins d'un verset sur mille mentionne l'amour de Dieu. Pourtant, à entendre certains prédicateurs et évangélistes, on a l'impression que la Bible ne parle que de cela. C'est étonnant. Voici quelques faits: la Genèse ne mentionne jamais l'amour de Dieu; Exode, un seul verset, Lévitique, pas une fois; Nombres, pas une fois, Deutéronome, un seul verset; dans Josué, pas une fois; Juges, pas une fois; Ruth, pas une fois; 1 et 2 Samuel, pas une fois; 1 et 2 Rois, pas une fois; 1 et 2 Chroniques, pas une fois. Vous en étiez-vous rendu compte? Si l'on entend toujours les gens citer les quelques versets qui parlent de l'amour de Dieu, alors on se met à penser que la Bible tout entière ne parle que de cela, mais ce n'est pas vrai. Il y est fait mention une ou deux fois dans les Psaumes; rien de cela dans les Proverbes, pas plus que dans le Cantique des Cantiques – pas un mot; Ecclésiaste, aucun. Passons aux prophètes: il n'y a qu'un verset sur l'amour de Dieu en Esaïe, un verset en Jérémie, un verset dans Ezéchiel, rien dans Daniel, et dans Osée, quelques versets; Amos, rien, et ainsi de suite dans tous les petits prophètes: pas un mot.

«Ah, mais», nous dit-on, «nous sommes des Chrétiens du Nouveau Testament, nous vivons dans le Nouveau Testament et le Nouveau Testament est rempli de l'amour de Dieu». En vérité, non! Pas un mot dans Matthieu, ni dans Marc, ni dans Luc. Quelques versets dans Jean en parlent et, c'est le plus important, on n'en trouve pas une seule mention dans le livre des Actes – et Actes nous montre comment l'Eglise primitive s'y prenait pour évangéliser. C'est cela qu'ils prêchaient, et c'est de cette façon qu'ils sortaient planter de nouvelles églises. On pourrait penser que ce livre serait rempli de l'amour de Dieu, et pourtant, pas un mot. Pourquoi ne prêchaient-ils pas l'amour de Dieu ? Pourtant c'est ce que nous prêchons quand nous évangélisons, et nous pensons reprendre leurs méthodes ! Le livre des Actes pose la question avec grande acuité pour moi : que disaient-ils au sujet de Dieu s'ils ne mentionnaient pas son amour ? Et comment l'Église s'est-elle répandue partout et a-t-elle grandi ? Alors même que les églises dans ce pays sont en train de mourir, pour la plupart. Ne nous trompons pas. Les statistiques indiquent que l'Eglise d'Angleterre serait en train de perdre mille âmes par semaine : les gens votent avec leurs pieds. Les Méthodistes ferment deux paroisses par semaine, et on nous dit que les musulmans ouvrent deux mosquées par semaine. Réveillez-vous et comprenez ce qui se passe ! Nous ne devons pas nous faire d'illusion. Comment s'y prenaient-ils dans le livre des Actes ? Comment les apôtres avaient-ils tant de succès sans jamais mentionner l'amour de Dieu ? Pourriez-vous aller évangéliser sans mentionner l'amour de Dieu ? Nous en avons tellement pris l'habitude que beaucoup de chrétiens disent que ce serait tout simplement impossible ! Eh bien, voilà la première grande surprise : on ne parle que très peu de l'amour de Dieu dans votre Bible : un verset sur mille.

Le deuxième constat est encore plus étonnant, et je le répète, n'hésitez pas à vérifier mes dires dans votre Bible ; ne croyez surtout pas tout ce que je vous écris sans ouvrir votre propre Bible. Chaque mention de l'amour de Dieu que vous trouverez dans la Bible est à l'intention soit de Dieu dans la louange ou des croyants dans la communion fraternelle. Pas un seul verset de l'amour de Dieu à l'intention des non-croyants. Vérifiez ! Je classe l'amour de Dieu dans la catégorie des « perles », et Jésus a dit : « Ne jetez pas vos perles aux pourceaux. Si vous le faites, ils peuvent les piétiner sous leurs pieds, puis se retournent contre vous et vous déchirent. » [SEG] Dès qu'on dit: « Dieu est amour », on nous rétorque, « Comment un Dieu d'amour peut-il permettre la souffrance dans ce monde – ou dans le prochain ? » Cette objection fuse de leur bouche et ils se retournent contre vous pour vous déchirer.

Interrogeons-nous maintenant au sujet d'un texte bien connu. Je possède un livre intitulé « L'Évangile en de nombreuses langues ». (Il y en a 847 !). Il se réfère à Jean 3:16. Et alors, que dire de Jean 3:16 ? Dans mon livre intitulé « Is John 3:16 the Gospel ? » j'ai expliqué que Jean 3:16 est le verset le plus mal traduit, le plus mal interprété, le plus mal compris et celui qui est le plus mal appliqué de tout le Nouveau Testament. Lorsqu'on l'étudie attentivement, on comprend qu'il n'a pas les sens qu'on croyait. Permettez-moi de faire allusion ici à quelques-uns des points clés que j'ai examinés plus en détail par ailleurs. Ce verset n'a jamais été destiné à résumer l'Évangile, mais nous en avons fait l'Évangile, et nous le citons plus que tout autre verset. Par-dessus tout, on le cite hors contexte, et lorsqu'on traite un verset de cette façon, c'est la recette infaillible pour se tromper. Je suis sûr que vous pouvez me dire ce que dit Jean 3:16 sans ouvrir votre Bible, mais pourriez-vous me réciter Jean 3:17 ? Pourriez-vous me réciter Jean 3:15 ? Impossible pour la plupart d'entre nous. Voyez-vous ce que je veux dire ? Si vous prenez un verset hors contexte, vous ne le comprendrez pas. Un verset appartient au passage qui le contient, et les versets qui sont autour expliquent ce qu'il signifie.

Prenons l'expression « a tant aimé ». Avez-vous déjà remarqué que ce verbe est au passé ? Il n'est pas dit, « Dieu aime le monde », il est dit qu'il l'a aimé – c'est un passé. Trouvez quelqu'un qui connaît le grec et vérifiez ce point. « A aimé ». Le mot est au temps grec qui signifie faire quelque chose **une fois, et une seule fois**. Par conséquent, le verbe « a aimé » signifie dans Jean 3:16 que Dieu, en une seule occasion, a aimé le monde. Quel choc, n'est-ce pas ? Et à cette **seule** occasion, il a donné – toujours au passé composé – il a donné, une fois, son Fils unique. Donc, Dieu a tant aimé le monde une fois, et il lui a donné son Fils unique une fois. Mais la véritable clé de ce verset c'est le petit mot « tant », qui est une traduction totalement fausse. Je suis désolé d'avoir à vous dire que les francophones lisent, à tort, cette phrase ainsi : « Car Dieu a taaaaant aimé le monde... », mais en fait ce n'est pas ça du tout. Le mot grec ne signifie pas « tellement » ou « si profondément », ni les autres sens qu'on lui a donné. En grec, ce petit mot se trouve avant le mot « Dieu » en grec, et il devrait en être de même dans la version française. *« Car ainsi Dieu a aimé le monde – et une seule fois.* Le mot grec est « houtos », mot qui signifie « ainsi », « de cette manière ». Il faut donc dire, *« c'est de cette façon que Dieu a aimé le monde une fois, et qu'une fois il lui a donné son Fils unique.*

De quelle manière ? Eh bien, le verset 16 ne le dit pas, mais les versets 15 et 14 vous expliquent tout. Car, de cette manière, ainsi, Dieu a aimé le monde. Passons alors au verset précédent. Qu'est-ce qui se passe dans ce verset ? C'est une référence à Nombres chapitre 21, où Dieu vient de massacrer des centaines, voire des milliers, de citoyens de son propre peuple, les Hébreux, parce qu'ils grommelaient contre la nourriture qu'il leur fournissait. Surprenant, non, de lire cela juste avant le verset parlant de Dieu et de son amour pour le monde ! Comment concilier les deux ?

Vous n'êtes pas sans connaître l'histoire. Dieu a nourri les enfants d'Israël en leur servant le même plat tous les jours pendant quarante années. Les Israélites n'avaient qu'à se baisser pour ramasser « la manne » dans le désert ; certes, ils devaient la faire cuire, mais c'est ce qui les a sustentés si longtemps. Elle était composée de tous les minéraux, toutes les vitamines, tous les glucides et toutes les protéines dont ils avaient besoin pour tenir pendant quarante ans. Ce mot, « manne », est le mot Hébreu pour « c'est quoi c'truc ? » Les enfants ronchonnaient devant leurs parents : « Non, pas encore du 'c'est quoi c'truc' » ! Les gens se sont mis à grogner et à se plaindre – « la nourriture en Egypte, même si nous étions des esclaves, était bien meilleure que ça ; nous avions des poireaux et de l'ail, des épices et des currys ; et maintenant nous en sommes réduits à manger du 'c'est quoi c'truc', tous les jours, matin et soir ». Ils murmurèrent contre Dieu, si bien que Dieu – ce même Dieu qui a tant aimé le monde au verset 16 – au verset 14 a envoyé des serpents parmi eux : les serpents les mordaient et ils mouraient empoisonnés – et Dieu l'a fait pour les châtier.

Ils mouraient en si grand nombre qu'ils ont demandé à Moïse d'aller priez Dieu pour eux. Ils ont compris qu'ils avaient péché, parce qu'ils n'auraient jamais dû se plaindre de la nourriture. Ils voulaient que Moïse dise à Dieu combien ils étaient repentants et lui demander de faire disparaître les serpents. Et c'est ce que Moïse a fait. Il est allé dire à Dieu que son peuple lui demandait pardon. Ils ont réalisé que leur malheur n'était pas une coïncidence, que c'était Lui qui avait envoyé les serpents. Dieu leur a répondu qu'il ne ferait pas disparaître les serpents tout de suite ; mais il leur donnerait un remède contre les morsures de serpent : ils reçurent l'ordre d'accrocher un serpent de métal à un poteau planté sur la colline la plus proche ; si un Israélite était mordu par un serpent, tout ce qu'il avait à faire c'était de s'en approcher et de fixer son regard sur le serpent, un serpent de bronze pendu au poteau, et dès qu'il le regarderait, ils seraient guéris. Dieu ne retira pas la menace mortelle – ils l'avaient bien méritée – et il leur faudrait faire avec. Mais il leur en a également fourni l'antidote.

Jésus a dit, *'Et comme Moïse éleva le serpent dans le désert, il faut de même que le Fils de l'homme soit élevé, afin que quiconque croit en lui ait la vie éternelle. Car Dieu a tant aimé le monde qu'il a donné son Fils unique, afin que quiconque croit en lui ne périsse point, mais qu'il ait la vie éternelle'.*

Vous voyez, l'humanité entière est soumise à une menace de mort à cause de la façon dont nous traitons Dieu. Et Dieu n'a pas levé cette menace; il nous a donné un antidote, et l'antidote, c'est Jésus sur la croix. Comprenez-vous cela? Voilà le contexte de Jean 3:16 – un Dieu qui tue les gens pour avoir grogné au sujet de la nourriture qu'il leur fournissait: le même Dieu, un amour assez fort pour procurer un antidote.

Revenons sur le mot amour. Je suis sûr que vous avez entendu parler nombre de prédicateurs sur le sujet. Le grec est beaucoup plus riche que l'anglais. Nous parlons d'«amour» pour tout un tas des choses. Nous n'avons qu'un mot, «amour», pour toutes les différentes sortes d'amour, alors que les Grecs en avaient au moins quatre: l'amour qui s'assimile à de la dépendance – ce que nous avons tendance à appeler «la luxure» – avait un mot spécifique; puis l'amour fondé sur l'attirance – principalement l'attirance sexuelle entre hommes et femmes – était désigné par un autre mot, «eros»; l'amour de l'amitié, celui de l'affection, avait encore une autre mot, «philio» (et Philadelphie signifie «amour fraternel»), mais aucun de ces mots n'était employés pour parler de Dieu. Ils se sont sentis obligés de trouver un nouveau mot – «agapè» – mot relativement rare dans la langue grecque. (Soit dit en passant, la statue sur la place de Piccadilly Circus à Londres n'est pas Eros, mais agapè, et c'est un monument à Lord Shaftesbury (Anthony Ashley Cooper) pour son œuvre acharnée à obtenir que les enfants ne descendent plus dans les mines de charbon et à limiter les heures de travail dans les usines. On l'a érigée comme statue dédiée à l'ange de la miséricorde ; ce n'est donc pas du tout Cupidon – ne croyez pas toutes les sottises qu'on raconte ! Ce n'est pas parce qu'« eros » est très actif autour de Piccadilly Circus que cette statue est celle d'Eros : elle est dédiée à agapè.)

«Agape» s'emploie toujours à la forme active. Ce n'est pas quelque-chose qu'on ressent, mais qu'on fait. Voici la différence entre agapè et l'amour humain, même le plus élevé : on le fait en faveur de gens qu'on n'aime pas, de gens qui sont des ennemis, de ceux qui nous haïssent. Il est relativement facile de donner de l'amour à ceux que vous aimez, ou qui vous aiment. «*Il n'est pas de plus grand amour que de donner sa vie pour ses amis*»[SEG] – voilà la définition de l'amour le plus noble entre êtres humains, mais l'amour de Dieu va bien au-delà : alors que nous étions ses ennemis, Christ est mort pour nous – c'est ça *agapè*. Quand un homme a demandé à Jésus : «*Comment puis-je offrir à mon voisin un amour agapé ?*», Jésus a raconté la parabole du bon Samaritain. Le secret de cette parabole c'est que Samaritains et Juifs se haïssaient. Vous ne comprendrez jamais pourquoi le héros est un Samaritain si vous ignorez ce contexte. Un Juif marchait sur la route de Jéricho pour se rendre en Galilée – en s'imposant un détour de 100 kilomètres pour éviter de rencontrer des Samaritains. Maintenant, l'histoire prend un tout autre sens. Lorsque le Samaritain a vu le Juif – son ennemi issu d'un groupe ethnique détesté – en détresse et livré sans défense, il fut le seul à s'arrêter pour s'occuper de lui. C'est *l'agapè*.

Agapé tend la main à ceux qui sont dits déplaisants, ingrats, détestables et horribles. Et quand les hommes sont impuissants, dans une situation désespérée, *agapè* c'est la sorte de réaction qui se met en action. Voilà quel est l'amour de Dieu, et c'est pourquoi toute mention de son amour renvoie à la croix. *Mais Dieu prouve son amour envers nous, en ce que, lorsque nous étions encore des pécheurs, Christ est mort pour nous.* [SEG 1910] Si l'on se contente de dire aux incroyants « Dieu vous aime », ils présumeront tout de suite qu'ils doivent se rendre sympathiques, aimables et séduisants aux yeux de Dieu. Ils ne se rendent pas compte que c'est précisément parce qu'ils sont détestables aux yeux de Dieu – car Dieu déteste la façon dont ils vivent et ce qu'ils font – qu'il devient si merveilleux que ce même Dieu ait envoyé son Fils mourir pour eux. Et c'est peut-être la raison pour laquelle l'amour de Dieu ne concerne dans la Bible que ceux qui ont été rachetés. Eux seuls lui en seront reconnaissants ; eux seuls comprennent combien Dieu haïssait ce qu'ils étaient et faisaient, et apprécient de savoir qu'Il leur a pardonné. Vous voyez, amour et pardon vont de pair. Une certaine femme vint un jour voir Jésus et les témoins de la scène ont dit alors, « Ne sait-il pas quel genre de femme c'est ? C'est une prostituée, tout de même ! ». Et Jésus a dit : « Si elle m'aime tellement c'est parce qu'il lui a été tellement pardonné ». Seul ceux qui ont été pardonnés peuvent comprendre ce qu'est l'amour de Dieu. Je suis donc convaincu que nous devrions garder une « perle » aussi précieuse loin de ceux qui ne peuvent le comprendre, qui tirent des conclusions hâtives et échafaudent un concept erroné de Dieu.

Je crois que ce concept de « Dieu d'amour », et rien que d'amour, fait en réalité fuir les gens loin de l'Église. Un rapport sur les raisons pour lesquelles les églises se vident a été rendu public par un « Comité de recherche œcuménique », composé de chercheurs de confessions différentes. Ils ont interrogé 14.000 personnes pour leur demander : « Pourquoi avez-vous cessé d'aller à l'église ? Pourquoi n'y allez-vous pas régulièrement ? » Le rapport était intitulé : « Enquête sur l'Église – aidez votre Église à grandir », mais en fait la publicité annonce : « Pourquoi beaucoup d'églises sont-elles vides ? Découvrez la réponse ». On a constaté que toutes les réponses données par des gens ordinaires dans la rue (et il n'y avait que cinq réponses spécifiées pour l'ensemble du rapport) étaient très étonnantes : l'une des principales raisons invoquées était qu'on y « parle trop d'amour » ; on leur a dit que Dieu nous aime quoi qu'on fasse, tel qu'on est et que l'amour de Dieu est inconditionnel. Loin d'engendrer du respect pour Dieu, loin de susciter la crainte du Seigneur, qui est le commencement de la sagesse, cela avait l'effet inverse : l'image d'un Dieu envers lequel on n'a plus de respect.

Beaucoup de ces gens qui avaient voté avec leurs pieds disaient : « Pourquoi entend-on si peu parler de la sainteté de Dieu et de sa justice ? » Je suis resté pantois d'entendre des choses pareilles, de la bouche de personnes qui avaient quitté l'Église, mais qui disaient, « tout ce discours, genre 'tout le monde il est beau, tout le monde il est gentil', a réduit notre adoration de Dieu à une sorte de complicité avec lui. Un homme m'a dit : « Dans notre église, nous adorons Dieu notre copain ». J'ai pensé, vous avez mis en plein dans le mille ! Où est donc passé la peur, la crainte et la vénération ; cette conscience d'adorer un Dieu qui est un feu dévorant ? Je n'ai été qu'à deux reprises proche d'un feu dévorant. Une fois c'était en Australie, lors d'un feu de brousse. Nous fuyions dans une voiture à travers la fumée, devant des flammes qui avançaient à 90 km/h, parce que les eucalyptus sont gorgés d'une essence inflammable, et nous roulions sur des chemins vicinaux à 50, 80 et même 100 à l'heure pour échapper à la rage de ce feu ! Je vous le garantis, j'avais de drôles de pincements au creux de l'estomac, et j'ai pensé, « Pourquoi n'ai-je jamais éprouvé de telles sensations à l'église ? » Le Nouveau Testament nous engage à « *Adorer Dieu avec crainte et tremblements, car notre Dieu est un feu dévorant* ».

L'autre fois, c'était pendant que je revenais de Sicile pour rentrer en Angleterre. Le pilote a dit, « Je vais vous faire plaisir. L'Etna est en éruption, et je vais voler directement au-dessus : ainsi, vous serez aux premières loges ! » J'étais assis côté gauche de l'avion, le côté bâbord, et l'avion a littéralement volé au-dessus du cratère du volcan. Nous voyions la lave incandescente en dessous de nous et la lave engouffrait des maisons perchées sur la colline. Il a incliné l'avion à droite et s'est mis à faire des cercles de plus en plus bas, au point que j'avais l'impression d'être tombé dedans. Comme je sais à peu près quelle puissance le flux d'air au-dessus d'un volcan peut développer, je priais qu'il remonte rapidement ; enfin, à mon grand soulagement, il a redressé l'appareil et mis le cap sur Heathrow. Pourquoi n'ai-je ressenti rien de pareil à l'église ? La Bible dit que c'est ce qu'on est censé ressentir en présence du Dieu Tout-Puissant. Mais il n'en est pas toujours ainsi aujourd'hui, n'est-ce pas ?

Je crois que vous commencez à comprendre pourquoi il n'est pas évident de parler de l'amour de Dieu à un monde incrédule. Ce rapport œcuménique a cité quelques-unes des opinions des personnes interrogées, dont celle-ci : « Dieu nous aime, quoi qu'on fasse, alors... » C'est pur mensonge. Ma Bible ne parle pas d'amour inconditionnel. En revanche, il y est écrit des choses comme celle-ci : *Dieu aime ceux qui le craignent ; Dieu aime ceux qui gardent ses commandements*. Cela n'a rien d'« inconditionnel », à mon avis. Certains ont essayé de dire que Dieu se présente de façons très différentes dans l'Ancien et dans le Nouveau. Vous l'avez déjà entendu, cet argument-là ? Il nous vient d'un homme appelé Marcion, qui vivait au 2e siècle, et cette hérésie s'appelle le marcionisme, doctrine formée sur son nom. À l'en croire, le Dieu de l'Ancien Testament est brutal, méchant, il inflige des traitements cruels ; alors que celui du Nouveau Testament ne serait qu'amour, compassion, et bonté. C'est bien souvent l'impression qu'en ont ceux qui ne savent pas grand-chose de la Bible, et c'est avec tristesse que je dois bien admettre qu'on entend cette erreur dans les médias, de la bouche de communicants évangéliques ; ils ont relancé cette hérésie et critiquent le « Dieu de l'Ancien Testament ». Comment pouvez-vous dire que « l'amour de Dieu » envoie des malédictions ? C'est un non-sens. Comment pouvez-vous dire « l'amour de Dieu » tue des gens ? C'est aberrant. L'amour n'est pas ce qui lie les deux facettes de son caractère, c'est autre chose, et c'est ce que je veux explorer maintenant. **C'est sa pure bonté. Ne devrions-nous donc pas parler plutôt au monde de la bonté de Dieu ?**

On m'a demandé d'assurer une série de conférences d'évangélisation dans un hôtel de ville du Gloucestershire et à une université en Nouvelle-Zélande. On m'a demandé, « Pourriez-vous nous donner un titre pour vos entretiens ? »

J'ai répondu, très simplement, en deux mots : « Bon Dieu ». Et j'ai continué en disant, « Cela résume tout ce que je crois sur Dieu ». Je fus horrifié de constater que, dans ces deux villes, ont paru d'immenses affiches avec une photo atroce de moi, qui me donnait un air de Dracula ou d'un monstre de cet acabit, et puis, au-dessus, on lisait « Bon Dieu ! » Eh bien, je peux vous dire qu'on a fait salle comble dès les premiers soirs ! « Bon Dieu » : deux mots qui servent de juron à beaucoup quand ils viennent de se taper les ongles avec le marteau, ou quand ils sont surpris. Les gens ne savent pas ce qu'ils disent. Dieu est bon. C'est le mot qu'on trouve en Genèse, chapitre 1. Tout ce qu'il avait fait était bon parce que lui-même est bon.

Malheureusement, le mot « bon » a été galvaudé au point de perdre son sens. Comme « l'amour », ce mot est souvent mal compris. Nous utilisons « bon » de manières tellement différentes. « Je viens de déguster un bon repas » ; « Avez-vous passé de bonnes vacances ? », « espérons qu'il fera bon demain », et nous parlons même d'un bon chien, avec le même mot que pour évoquer Dieu – c'est incroyable ! Qu'entendons-nous par « bon » ? Nous avons relativisé ce mot au point que ce n'est plus un mot absolu. Il devrait signifier « absolument parfait », mais nous ne l'employons jamais en ce sens ; on le prononce pour parler de quelqu'un ou quelque chose qui nous procure du plaisir ou calme la douleur. « C'est un bon dentiste ». Voulez-vous dire qu'il est hautement qualifié, ou qu'il peut vous soigner sans douleur ? Tout ce qui nous fait plaisir est appelé « bon ».

Un jour, un homme vint vers Jésus et dit : « *Bon maître, que dois-je faire pour hériter la vie éternelle ?* » *Jésus répondit :* « *Pourquoi m'appelles-tu bon ? Il n'y a qu'une personne qui est bonne, c'est Dieu* ».

Le mot « bon » a donc perdu son sens au point que, même quand on l'utilise en référence à Dieu, nous sommes tout bonnement des effrontés. Le sens d'un Dieu bon c'est un Dieu absolument parfait. Tel est le vrai sens du mot.

Il nous faudra donc trouver un autre mot. Existe-t-il dans le dictionnaire un mot qui ne soit pratiquement jamais utilisé dans le langage courant, mais que nous pourrions utiliser à propos de Dieu, en faisant un minimum comprendre qui il est vraiment ? Oui, et je tiens à vous le dévoiler – ce mot c'est « juste ». **Dieu est juste**. Et c'est ce que nous devons annoncer au monde car c'est ce qu'il a le plus besoin d'entendre, même s'il se bouche les oreilles.

Quand Jésus priait, il ne disait jamais, « Père aimant » – nous oui, lui jamais. Si vous lisez la prière de Jésus dans Jean 17, vous constatez qu'il a utilisé deux adjectifs : Père *saint* et, plus tard dans la prière, Père *juste*. Voilà qui définit sa paternité très sérieusement – « Père juste ». Alors, qu'entendons-nous par ce mot : « juste » ? Le côté négatif de sa justice, c'est que Dieu ne peut jamais faire quelque chose de mal. Une fois, j'ai pris une feuille de papier et j'ai écrit en en-tête : « Les choses que le Dieu Tout-Puissant ne peut pas faire ». « Cinq minutes plus tard, j'en avais écrit une trentaine. Voici quelles étaient les premières : il ne peut pas mentir ; il ne peut pas avoir une seule pensée impure ; il ne peut pas rompre une promesse. Après avoir écrit trente choses, j'ai eu un choc : j'ai bien dû reconnaître que j'avais fait tout ça, et pourtant il ne m'est pas venu à l'idée de me trouver plus grand que Dieu Tout-Puissant ; je m'en suis trouvé bien humilié au contraire. Il y a beaucoup de choses que Dieu ne peut pas faire. Dieu merci, il est juste. Il n'a pas de favoris ; il ne peut être corrompu ; on ne négocie pas avec Dieu ; on ne peut le corrompre en aucune manière ; sa sentence sur chacun d'entre nous sera tout à fait juste parce qu'il sait toute la vérité.

Incidemment, c'est la raison pour laquelle j'ai intitulé mon autobiographie « Not as Bad as the Truth ». Il y a quelques années, certaines personnes pas très charitables au Pays de Galles ont commencé à répandre un certain nombre de rumeurs totalement fausses sur mon compte, et cela m'a beaucoup blessé. Comme si ce n'était pas suffisant, j'ai, à cause d'eux, commencé à voir se fermer des portes sur mon ministère. Lorsque les gens entendaient ces mensonges, ils m'écrivaient, « Nous sommes vraiment désolés, mais il nous est impossible de finaliser nos accords concernant votre visite ».

Je suis allé à Dieu pour m'en plaindre. Je lui ai dit, « Dieu, ça fait mal. Ils me calomnient et cela ferme des portes sur le ministère ».

Alors le Seigneur m'a parlé aussi clairement que lorsque je parle à haute voix : « David, le pire qu'ils puissent dire de toi ne sera jamais aussi méchant que la vérité ».

J'ai éclaté de rire, soulagé de ce que mes ennemis ne savaient pas le pire sur mon compte ! Quand j'ai dit ça à ma femme, elle a bien ri, elle aussi : elle connaît le pire sur moi.

Et c'est ainsi que le livre a trouvé son titre.

Mais le Seigneur a ajouté ensuite : « Je sais le pire, mais je t'aime toujours et continuerai à t'utiliser » ; on peut en dire autant de quiconque est engagé pour Dieu. Dieu est absolument juste, absolument équitable, il n'a pas de chouchous. Vous ne pourrez jamais accuser Dieu d'injustice. Voilà pour le côté négatif. Sur le plan positif, tout ce qu'il fait est absolument bien. Abraham a argumenté avec lui à ce sujet. « Allez-vous détruire Sodome s'il s'y trouve une quarantaine de personnes bonnes en elle ? »

« Non »

« Vingt ? » Et il est descendu ainsi jusqu'à cinq ! Et c'est Abraham qui a dit à Dieu « *n'est-il pas le juge de la terre et le droit ?* » Le Dieu qui dirige l'ensemble de notre univers ne peut pas faire quelque chose de mal et fera toujours ce qui est bien. Quand j'étais pasteur, les couples qui avaient perdu un bébé me demandaient souvent, « Qu'en est-il de notre bébé ? Est-il monté au ciel ? Où est-il ? Je disais : « Je ne sais pas, la Bible ne donne pas de réponse à cette question ». Mais je poursuivais aussi en disant :

« Si vous connaissiez Dieu comme je le connais, vous sauriez que tout ce qu'il a fait avec votre bébé est parfait. Je n'ai pas toutes les réponses à toutes les questions, la Bible ne les donne pas ; mais elle nous dit que tout ce que Dieu fait – avec votre bébé ou avec nous – sera tout à fait parfait ». Quelle sécurité, quel réconfort, de savoir que nous vivons dans un monde dirigé par celui qui fait toujours ce qui est juste. Par conséquent, nous pouvons ajouter deux choses qu'ajoute la Bible. La première, c'est qu'un jour il punira tout le mal. Quand j'ai lu qu'à Londres des adolescents entraient par effraction chez des retraités pour violer les vieilles dames, et que pour la police l'incident était clos (la majorité des crimes ne sont pas punis), je me console en pensant qu'un jour Dieu s'occupera de ces jeunes gens. Personne ne s'en tirera à bon compte, parce que Dieu est juste. Si le monde croyait cela, alors vous verriez s'effondrer les chiffres de la criminalité. Or, la criminalité est en augmentation spectaculaire parce que les criminels pensent qu'ils peuvent s'en tirer en toute impunité. Cependant, ils seront redevables de leurs actes – car chacun de nos actes est inscrit dans le ciel, et un jour on ouvrira les livres de comptes.

La deuxième chose que Dieu a promise c'est non seulement de châtier tout le mal perpétré par chacun, mais aussi de bannir le mal pour donner naissance à un monde dans lequel le mal n'existera pas. Dieu a déterminé qu'il en soit ainsi. C'est pourquoi il a fait ce monde, mais il va en faire un autre, avec un nouveau ciel et une nouvelle terre, où la justice règnera, et la Bible décrit ce nouveau ciel et cette nouvelle terre. Je suis impatient de vivre dans un monde où tout est parfait et où le mal n'a pas droit de cité.

L'ÉVANGILE DE JUSTICE

Mais les seules personnes à avoir accès à ce monde nouveau seront les justes, et quand je dis « justes », j'entends les gens parfaits, ceux qui ne font jamais rien de mal, et font toujours le bien. À ce compte-là, personne n'a la moindre chance d'en faire partie, n'est-ce pas ? Parfois des gens me disent – et je ne peux pas m'empêcher d'en rire – « Pourquoi Dieu ne se débarrasse-t-il pas de tous les gens méchants dans le monde dès maintenant ? Ainsi, nous autres, nous pourrions vivre en paix dans un bonheur parfait ! » Il y a quelque chose qui ne cadre pas dans ce raisonnement, non ? Je suis toujours sidéré de voir combien de gens pensent que c'est tout le monde, sauf eux, qui défigure notre monde. Un sondage d'opinion a montré que 70% des habitants des États-Unis croient qu'ils iront au ciel, et 70% d'entre eux disent connaître quelqu'un qui ira à coup sûr en enfer ! Une fois de plus, les chiffres ne collent pas ! Alors, vraiment, ce que je viens d'écrire vous condamne à l'enfer. Si le nouveau ciel et la nouvelle terre ne sont destinés qu'aux seuls justes, aux gens parfaits, aucun d'entre nous n'a la moindre chance d'y entrer, même si on s'évertue pour y arriver. Car, dès qu'on essaie d'être juste on finit pire qu'au départ parce qu'on se met à éprouver de l'orgueil à se savoir juste ; on se trouve mieux que les autres (« *Je vous remercie de ce que je ne suis pas comme sont les autres hommes* »), et on ne peut ressentir de la fierté au sujet de sa propre bonté sans, dans la foulée, mépriser ceux qui sont moins bons que soi. Orgueil et mépris sont les deux côté de la même pièce.

Alors, la situation est-elle irrémédiablement désespérée ?

Non, parce qu'il y a un évangile, il existe une bonne nouvelle, mais quelle est-elle ? Ou pour le dire autrement : que propose l'Évangile ? Qu'offre le christianisme qu'on ne trouvera nulle part ailleurs ? Vous seriez étonné de voir le nombre de réponses qui viennent à l'esprit des gens. « Eh bien, ça donne un but dans la vie » ; « Ça procure la paix de l'esprit » ; « Ça donne bonne conscience » ; « Ça permet de rester en bonne santé, et riche », et, très souvent, « Ça permet d'éviter d'aller en enfer, comme si l'Évangile pouvait se réduire à un escalier de secours ! Toutes ces réponses sont loin de ce que propose le Nouveau-Testament. Elles ne sont que des sous-produits de l'Évangile. Qui suit l'Évangile a effectivement des chances d'avoir l'esprit en paix. Mais ce n'est pas ce qu'offre l'Évangile. Qu'offre-t-il alors ? Il n'offre pas qu'un Dieu qui nous aime. Ni Jésus, ni les apôtres n'ont prêché un évangile de l'amour de Dieu – vérifiez dans la Bible ! Alors qu'offre l'Évangile ? Voici quelques mots de l'apôtre Paul : *Car je n'ai point honte de l'Évangile : c'est une puissance de Dieu pour le salut de quiconque croit, du Juif premièrement, puis du Grec, parce qu'en lui est révélée la justice de Dieu par la foi et pour la foi, selon qu'il est écrit : Le juste vivra par la foi ».*

Pas un mot suggérant l'amour de Dieu dans ces paroles ; mais par trois fois il est proposé d'être juste – non pas d'être juste comme Dieu, mais de recevoir la justice qui vient de Dieu. Nous n'y parviendrons jamais, nous ne serons jamais assez justes pour mériter de vivre dans le nouveau ciel et la nouvelle terre, mais Dieu nous offre sa propre justice. Il nous dit : comme vous ne serez jamais assez justes par vos propres moyens, essayez de posséder ma justice. C'est une offre incroyable, n'est-ce pas ?

Il nous la propose en deux temps, deux phases. La première étape s'appelle la **justice imputée** et la deuxième la **justice conférée**. À la première étape, Dieu vous traite comme si vous étiez déjà juste et vous appelle «saint». On appelle cela «**la justification par la foi**». Après cela, Dieu nous a restaurés dans une bonne relation avec lui, et il vous confère alors sa justice. Il le fait d'abord par Christ et ensuite par l'Esprit Saint. C'est pourquoi, pour être sauvé, nous avons besoin autant de la deuxième que de la troisième personne de la Trinité; d'aucuns pensent que nous avons seulement besoin de Christ pour être sauvé; mais non, si vous voulez entrer dans un univers de justice, vous avez besoin du Saint-Esprit autant que de Jésus-Christ. La première (la justice imputée) revient à recevoir le pardon, et Dieu efface alors l'ardoise de votre passé. Si Dieu pardonnait le péché sans conditions, cela ferait de lui un Dieu injuste. Il serait immoral qu'un Dieu juste néglige le péché dans ma vie; il se tromperait lui-même, et nous avec, s'il nous disait «désormais tu es saint, tu es une personne sainte», et pourtant c'est précisément ce qu'il fait. Cependant, le pardon *inconditionnel* n'existe pas.

Encore une fois, cet adjectif serait totalement déplacé. Il serait erroné de la part d'un Dieu bon et juste de pardonner les péchés, à moins que deux conditions soient remplies. D'abord, que ces péchés aient déjà reçu leur rétribution. C'est là le cœur de l'Évangile: Jésus a déjà payé à notre place. C'est pourquoi le pardon ne peut exister en dehors de la croix; c'est pourquoi tout acte de pardon s'écrit dans le sang de Jésus; c'est le prix à payer pour recevoir le pardon, et c'est pourquoi nous prenons régulièrement la communion du pain et du vin: c'est pour nous rappeler ce qu'il en a coûté. Mais il est une autre condition. C'est une condition que Dieu devait remplir, et qu'il a effectivement remplie. Ainsi, littéralement, *Dieu a tant aimé le monde qu'il lui a un jour donné son Fils unique*. C'était le prix à payer.

Mais, l'autre condition, c'est à nous de la remplir: nous devons **nous repentir**. Il serait absolument immoral que Dieu nous pardonne en faisant l'impasse sur notre repentir, et le repentir ce sont des actes – il s'agit de changer de vie. De nos jours, on ne parle presque plus de repentance, parce que si l'on se contente de parler de l'amour de Dieu en disant, « tout ce que vous devez faire c'est accepter l'amour de Dieu en votre faveur », alors la repentance n'est plus au programme et pourtant c'était la première chose que Jean-Baptiste disait aux gens de faire, que Jésus demandait de faire, que Pierre exigeait qu'ils fassent, et que Paul leur ordonnait de faire. Je suis sûr que vous connaissez par cœur le passage où Paul dit, « je n'ai pas résisté à la vision céleste », mais saurez-vous réciter la suite ? Je crains fort que très peu de chrétiens le puissent, et je n'ai jamais entendu un prédicateur prêcher sur ce qui suit. Et pourtant voici comment Paul poursuit : « je n'a pas résisté à la vision céleste... En conséquence, roi Agrippa, je n'ai pas résisté à la vision céleste: à ceux de Damas d'abord, puis à Jérusalem, dans toute la Judée, et chez les païens, j'ai prêché la repentance et la conversion à Dieu, avec la pratique d'œuvres dignes de la repentance ».

Pourquoi n'ai-je jamais entendu prêcher sur ce verset ? Parce que, de nos jours, on ne demande pas de se repentir d'abord et avant tout. Cela signifie qu'on ne peut venir à Dieu tel qu'on est, on doit d'abord changer. La repentance c'est « être désolé au point de cesser de faire le mal »!

Permettez-moi de vous raconter deux histoires. Un jour, je prêchais dans un théâtre en Écosse, lors d'une campagne d'évangélisation de trois soirées, et à la fin de la deuxième, une jeune femme est venue me trouver. Elle tremblait, elle pleurait, son visage était ravagé – elle était bouleversée. Et elle m'a dit : « M. Pawson, vous m'agacez furieusement ». « Comment ça, je vous agace ? » « Vous m'avez donné envie de devenir chrétienne ». Je lui ai dit : « Ça tombe bien, c'est justement pour ça que je me suis déplacé à Aberdeen ; qu'y a-t-il d'agaçant à cela ? » Elle répondit : « J'ai essayé d'être chrétienne pendant dix-huit mois; je me suis avancée à chaque réunion d'évangélisation. J'ai écouté les conseils des moniteurs, j'ai participé aux cours. Mais rien ne s'est passé, rien n'a changé, et j'en ai tiré la conclusion que le christianisme que vous prêchez est une coquille vide. Une amie m'a amenée ici ce soir et vous m'avez donné envie de tout reprendre à zéro». Elle a continué en disant: «J'ai donc de nouveau essayé, et toujours en vain.» Je l'ai regardée dans les yeux et lui ai demandé: «Avec qui vivez-vous?» «Avec un jeune homme». «Êtes-vous mariée avec lui?» «Non» «Vivez-vous comme si vous étiez mariés?» «Oui». «Pourquoi n'êtes-vous pas mariés?» «Eh bien, il ne croit pas aux vertus du mariage; tant que nous nous aimons, c'est tout ce qui compte, me dit-il».

«Eh bien», répondis-je, «si demain il vous laisse tomber, il n'aura trahi aucune promesse, puisqu'il ne vous en a fait aucune». «Il ne risque pas de me quitter demain, lui aussi m'aime énormément.» «Eh bien, je suis sincèrement désolé, mais il vous reste à prendre une décision très difficile, et je ne peux pas le faire à votre place; vous devez décider avec quel homme vous voulez à vivre: votre jeune homme ou Jésus, parce que vous ne pouvez pas vivre ainsi avec les deux.» Alors, elle s'est vraiment fâchée contre moi. «Personne d'autre m'a dit un truc pareil!» «Personne d'autre n'a été en mesure de vous aider, mais moi j'essaie de le faire.» J'aimerais vous dire qu'elle s'est convertie sur le champ, mais ce serait un mensonge. Elle est sortie de ce théâtre en pleurant toutes les larmes de son corps, et j'ai ressenti exactement ce qu'a dû éprouver Jésus lorsque le jeune homme riche s'en est allé tout triste. Jésus lui avait donné le choix: c'est votre argent ou moi. C'est ce qui s'appelle la repentance; elle est prêchée par très peu de prédicateurs et d'évangélistes aujourd'hui.

L'autre histoire est celle de Paul, un jeune homme qui

avait une moto avec un guidon énorme et des rétroviseurs assortis, surdimensionnés, qui donnaient à son engin des airs de porc-épic – vous voyez le genre. Un jour, il s'est pointé chez moi avec sa moto, a sonné et je lui ai dit, « Qu'est-ce que c'est Paul ? »

« Je veux vous parler ». Il était vêtu d'une veste en cuir couverte de clous en laiton. Il est entré chez nous, est allé s'asseoir tout gêné dans notre canapé (les pauvres coussins s'en souviennent encore !)

Je lui ai demandé, « De quoi voulez parler, Paul ? » « Je veux être baptisé ». « Savez-vous comment nous baptisons les gens ici ? » « Ouais, vous leur faites boire la tasse dans l'eau ! » « Alors vous voulez toujours que je vous fasse boire la tasse ? » « Ouais ». « Paul, savez-vous le sens du mot 'repentance' ? » « Non » « Eh bien, rentrez chez vous et posez à Jésus cette question : Y a-t-il quelque-chose qui te déplaît dans ma vie, Jésus ? » Et revenez quand vous aurez changé sur ce point. » Trois semaines plus tard j'ai entendu arriver la moto, et j'ai trouvé Paul sur le seuil. « Eh bien, qu'y a-t-il, Paul ? » Il m'a tendu ses mains en disant : « Voilà » « Que voulez-vous dire ? » « Regardez, voilà ». J'ai demandé à nouveau, « Qu'est-ce qu'il y a à voir ? » « Je ne me ronge plus les ongles ! »

Vous pouvez rire, mais j'ai rarement vu preuve plus probante de repentance parmi tous ceux que j'ai baptisés – et il était des plus sérieux. Il me démontrait exactement ce que Paul a dit à propos de prouver sa repentance par des actes – et nous l'avons baptisé. Il ne l'a jamais regretté.

La repentance c'est la toute première étape pour entrer dans le Royaume – la toute première démarche pour devenir chrétien – ce qui signifie tourner le dos à votre ancienne manière de vivre. C'est un changement de style de vie : mettre un terme à une relation malsaine par exemple ; cela peut signifier un grand nombre de choses différentes, et le

Saint-Esprit vous dira ce que cela implique dans votre cas particulier. Mais vous voyez, se contenter de dire aux gens que Dieu les aime ne les amène pas là. Quand on leur dit que Dieu est juste et qu'un jour il va s'occuper de tout le mal commis dans le monde – la repentance ne se fait pas attendre.

L'Évangile est une proposition – mais pas seulement d'un pardon, car le pardon ce n'est que le début. Il s'agit d'une offre de justice, de faire d'un méchant quelqu'un de bien, et d'un pécheur un saint.

J'ai été invité à prêcher dans le « Temple » sur le Strand à Londres, lors du rassemblement des juges, avocats et avoués de cette ville. La chaire avait la forme d'une barre des accusés, et en les regardant tous de là, j'ai eu l'impression qu'ils portaient leurs traditionnelles perruques – ce n'était pas le cas, mais c'est ce que j'ai ressenti. Lord Denning a lu à voix haute le thème de la conférence. Comme j'étais à la barre, je me suis dit que j'allais tenter de faire de l'humour. Très mauvaise idée ! Le Temple est une architecture circulaire à l'acoustique épouvantable ; on entend ce qu'on vient de dire au moins cinq ou six fois. J'ai donc commencé en disant : « Je me suis laissé dire que l'agnostique dans ce bâtiment est épouvantable ! » Pas un sourire ! Un peu plus tard, quelqu'un m'a pris à part pour me dire que je venais de faire la blague favorite de Lord Denning. Ce fut donc un flop.

Alors, vous vous demandez sur quoi j'ai bien pu prêcher ? J'ai choisi Romains chapitre 8, où Paul dit, « Ce que la loi ne pouvait pas faire... Dieu l'a fait ». J'ai dit à tous ces hommes de loi, « Je vais parler de quelque chose que vous ne pourrez jamais faire ». Culoté, n'est-ce pas ? Mais j'ai continué, « Vous pouvez punir l'auteur du délit, vos châtiments peuvent même décourager certains malfaiteurs, mais ce dont vous serez toujours incapables, c'est de faire d'une personne mauvaise quelqu'un de bien – et ça, c'est ce dont l'Évangile est capable ».

J'ai prêché dans les prisons de haute sécurité en Grande-Bretagne, à des meurtriers et revendeurs de drogue qui avait pris la perpétuité. Eh bien, je pourrais vous emmener dans une prison où toute une aile a été complètement transformée par l'évangile de justice. Ces hommes, en leur temps redoutables, sont devenus de chics types. Les cloisons des cellules ont été abattues pour qu'ils puissent vivre en communauté fraternelle, et les gardes qui n'osaient venir qu'à trois dans cette partie de la prison peuvent maintenant se présenter seuls à la porte de cette grande cellule, et entendre les prisonniers répondre: «Entrez, prenez votre café, nous allons lire un passage de la Bible avec vous».

Le directeur n'en croyait pas ses yeux: toute une partie de sa prison, tous ces hommes, – transformés en chics types! C'est ça la puissance de l'Évangile.

Nous devons prendre conscience que le péché ne pose aucun problème à Dieu. Si un homme se repent de sa méchanceté, Dieu peut faire des merveilles. Le jour-même, il le traitera comme un saint, et il en fera effectivement un saint. Savez-vous que la croix était une double substitution? Le plus souvent, les prédicateurs disent qu'il s'agit d'une seule substitution – que Jésus est devenu péché pour nous; qu'il s'est substitué à nous pour recevoir le châtiment que nous méritions pour nos fautes. Mais c'était en fait une double substitution. Écoutez la Bible: *Dieu a fait celui qui n'avait pas de péché est devenu péché pour nous, afin qu'en lui nous devenions justice de Dieu.* [SEG] Il s'agit d'un double échange: on lui donne nos péchés et on prend sa justice. Pas vraiment un échange équitable, mais une très bonne affaire – pour nous. Or, nombre de gens veulent bien que Jésus prenne leurs péchés, mais sans vouloir entendre parler de sa justice. Ils veulent s'accrocher à leurs mauvaises habitudes; ne veulent pas lâcher ces péchés tenaces qui leur pourrissent la vie; ils voudraient garder encore un peu de leur méchanceté. Avez-vous lu les livres de Richmal Crompton, intitulés *Just William* ? Avez-vous lu celui où William se convertit ? Quelqu'un vient prêcher à l'école du dimanche ; il écoute et décide qu'il va devenir chrétien. Il se dit qu'il est grand temps de passer à autre chose, de tourner la page de ses méfaits et des tours pendables qu'il a commis. Alors, il décide qu'il s'y mettra… mardi, et qu'il s'accordera encore le lundi pour réaliser toutes les bêtises dont il a toujours rêvé, parce que, après tout, mardi, il sera changé en saint ! Et il passe tout son lundi à plonger le chat dans un pot de peinture verte, fracasser toutes les vitres de la serre comme il en avait toujours rêvé. Tard le soir, il rentre chez lui en pensant, « Demain sera une journée formidable ». Il deviendra un saint, un chic type pour le restant de ses jours. Au moment de s'endormir, il se souvient qu'il lui reste encore une chose à faire, et qu'il a oublié de perpétrer ce coup dont il avait toujours rêvé – bref, vous devinez la suite : il ne s'est jamais vraiment converti, car il ne s'est jamais vraiment repenti. Voilà, vous l'avez compris, l'iniquité n'est pas un problème pour Dieu – **à condition qu'il y ait une vraie repentance**.

Or, il y a une chose contre laquelle Dieu ne peut rien ; c'est quelque chose qui sévit à l'intérieur de l'Église, autant qu'au dehors : la propre justice, l'autosatisfaction moralisatrice des « pharisiens ». Dieu ne peut rien pour des bien-pensants qui se prennent pour de petits saints, qui se croient meilleurs que les autres, alors qu'ils sont loin d'être « aux normes », aux yeux de Dieu. Ils ne s'en rendent pas compte parce qu'ils passent leur temps à se comparer, avantageusement, aux autres, à leurs voisins et au Français moyen. Or, tant qu'on se compare aux autres on se croit juste, c'est ça **l'autosatisfaction**. En poussant la porte de mon salon de coiffure habituel, je me suis dit qu'il était grand temps de parler à mon coiffeur. Il était tranquillement en train de me couper les cheveux et voilà qu'il me lance sans crier gare, « je suis aussi bon que tous ceux qui fréquentent votre église ». Je lui ai répondu, « À mon avis, vous ne pouvez pas dire ça tant que vous ne les connaîtrez pas un peu mieux ; vous avez peut-être raison, mais ce n'est pas ça qui pourra vous aider ». « Et pourquoi pas ? » « Êtes-vous aussi bon que Jésus ? »

La conversation s'est arrêtée net et il y eut un long silence – qu'il a brisé en disant : « Eh bien, peut-être pas tout à fait ». C'était la première fois qu'il commençait à se voir tel qu'il était vraiment. C'était un bien-pensant parce qu'il se croyait bon – par rapport aux autres. Comme la plupart des gens.

Un jour, j'ai été invité à m'exprimer devant la Ligue Féminine Baptiste. Ce n'est pas l'endroit où je me sens le plus à mon aise, et j'avais l'impression d'être un lion dans une fosse aux Daniels ! Mais j'ai accepté. Une grosse dame en manteau de fourrure (c'était la présidente, je crois) est venue me trouver et m'a dit : « De quoi allez-vous nous parler ? » « De la grâce. » « Oh, c'est un très bon thème, il me semble. »

Donc, je me suis levé devant toutes ces femmes (certaines en train de tricoter) et j'ai dit : « Je tiens à dire tout simplement deux choses au sujet de la grâce. Premièrement : vos mauvaises actions ne vous priveront pas nécessairement d'aller au ciel ». J'ai bien vu que je leur faisais plaisir avec ça, elles étaient tout sourire. Et j'ai ajouté : « Deuxièmement, ce ne sont pas vos bonnes actions qui vous permettront d'y entrer ». Elles en furent toute déconfites. La présidente est venue me voir à la fin, verte d'indignation. « Êtes-vous en train de me dire que toutes ces bonnes actions que j'ai faites, c'est en pure perte ? »

« Non, elles ont fait beaucoup de bien à d'autres mais elles ne feront rien en votre faveur », lui ai-je répondu. En matière de repentance, le plus difficile c'est de se repentir de ses bonnes actions – c'est beaucoup plus ardu que la repentance de ses mauvaises actions ; or, l'autosatisfaction est beaucoup plus offensante envers Dieu que l'iniquité.

En matière d'autosatisfaction, la Bible n'y va pas par quatre chemins ; elle s'exprime même de façon très crue. Je vous donne juste deux exemples. Passez-moi le vocabulaire, mais ce sont les mots exacts du texte original (en hébreu et en grec). Esaïe assimile la propre justice à une serviette hygiénique usagée ! Voilà à quoi elle ressemble aux yeux de Dieu. Pas de quoi être fier ou s'en vanter devant les autres, et c'est ce qu'Esaïe a dit aux femmes de Jérusalem. Quant à Paul, il prétendait être un homme juste – mais c'était un propre juste, un pharisien qui gardait tous les commandements. Voici comment il qualifie sa propre «justice» légaliste: **d'excréments**, avec laquelle il pensait gagner Christ. Il a utilisé un mot grec très grossier qui veut dire exactement cela. Nos Bibles parlent de «fumier», voire d'«ordures» (SEG), mais on est encore loin du compte. Son enseignement signifie que les moralisateurs auto-satisfaits ressemblent à ce petit garçon, qui va voir Dieu avec à la main son pot bien rempli : «Regarde comme j'ai bien fait». Pour Dieu c'est aussi dégoûtant que ça. L'autosatisfaction empêche plus de gens d'entrer dans le Royaume que l'iniquité, parce qu'il est si difficile de s'en repentir ; c'est tellement plus difficile dans ce cas d'admettre qu'on a besoin du pardon divin.

Je suis convaincu que nous causons un grand tort à notre cause à jeter comme nous le faisons des «perles aux cochons», en rabâchant «Dieu vous aime» à des gens qui n'ont jamais été rachetés ni pardonnés. Un rapport m'a beaucoup surpris : il y est dit que c'est l'une des cinq raisons pour lesquelles les gens n'éprouvent aucun respect pour l'Église. Pourtant, ça tombe sous le sens : si vous dites, «Dieu vous aime quoi que vous fassiez», alors pourquoi se fatiguer ? Pourquoi se repentir ? Pourquoi aller à l'église ?

Pourquoi lire la Bible ? Pourquoi même essayer d'être juste ? Si Dieu m'aime inconditionnellement, c'est cool ! Mais voici comment c'est interprété : « Dieu n'osera jamais m'envoyer en enfer puisque son amour est inconditionnel ! » À prêcher ainsi, je crois qu'on rend un très mauvais service. Revenons à Jésus et aux apôtres. **Ils prêchaient un Évangile de justice**. Ils prêchaient la colère divine autant que l'amour de Dieu. Paul, dans Romains chapitre 1, n'a pas hésité à parler de la colère de Dieu, qui est le début de son jugement – et la colère de Dieu est sur notre pays, ça crève les yeux ! Disons qui Dieu est, vraiment : il est absolument juste, absolument bon, il ne peut jamais rien faire de mal, et un jour il punira l'iniquité et bannira tous les maux de l'univers. Voilà une bonne nouvelle !

PRIÈRE

Père, tu es juste, et je te remercie de nous avoir montré qui tu es vraiment. Merci de ce que personne ne peut te changer, personne ne peut t'influencer, tu es Dieu, au-dessus de nous, plus grand que n'importe lequel d'entre nous. Nous te prions de nous donner de comprendre ta vraie nature et te connaître en vérité, pour nous permettre de toucher les gens de cette ville, et de leur communiquer la vérité. Que nous puissions leur montrer ton amour, et leur parler de ta justice. Merci parce que tu peux prendre un homme au cœur mauvais et en faire quelqu'un de bien ; un pécheur et en faire un saint : quelle bonne nouvelle ! Alors, à toi soit la gloire, la louange et l'honneur, pour les siècles des siècles. Amen.

www.ingramcontent.com/pod-product-compliance
Lightning Source LLC
Chambersburg PA
CBHW071040080526
44587CB00015B/2697